Manual de citas y referencias bibliográficas según

APA

Román Pairumani Ajacopa

La Paz – Bolivia

2018

MANUAL DE CITAS Y REFERENCIAS BIBLIOGRÁFICAS SEGÚN APA

Autor:
© Román Pairumani Ajacopa

Correo electrónico:
romanpai@hotmail.com

Celular:
Cel. +591 - 73256014

1ra Edición – Digital

Diseño y diagramación: Román Pairumani A.

ISBN: 9781724029454

Septiembre de 2018

La Paz – Bolivia

DEDICATORIA

A mis hijas Samanta Micaela y Zhoemi Alessandra
A mi compañera de vida Alejandra
A mis padres: Andrés y Lorenza
A mis Hermanos: Julián, Elvira y Ramiro

"La ciencia será siempre una búsqueda, jamás un descubrimiento real. Es un viaje, nunca una llegada".

Karl Raiumd Popper.

CONTENIDO

"El que lee mucho y anda mucho, ve mucho y sabe mucho".

Miguel de Cervantes

INTRODUCCIÓN

Cuando realizamos una investigación de carácter científico, nos vemos obligados a realizar un trabajo que consiste en recolectar información para sustentar el trabajo que estamos elaborando, para ello buscamos información primaria, secundaria o tercería. Cuando utilizamos información secundaria (fuentes bibliográficas), estamos obligados a referenciar o mencionar los autores de la fuente (material consultado), caso contrario estaríamos cometiendo el plagio.

En el mundo académico existen diferentes estilos para hacer las citas y las referencias bibliográficas, como ser: APA, Chicago, Vancouver, GB7714, GOST, ISO, MLA, SISTO, Turabian, ACS, AMA, Harvard Referencing, IEEE, y otros. Entre todos los estilos mencionados, el APA (American Psychological Association) es la más usual y la más preferida en el ámbito académico.

El APA, tiene preferencia por instituciones académicas por su facilidad y simplicidad de uso, ya que el APA cuenta con un guía de uso, en el cual se detallan todos los aspectos de cómo se debería de hacer una cita y las referencias bibliográficas, no solo eso, sino también se incluyen aspectos del proceso de la escritura, la ética del autor, selección de palabras óptimas para la redacción y otros aspectos, que básicamente ayudan a los escritores en realizar su trabajo.

Si bien el APA facilita el trabajo al escritor, por otro lado, el APA también ayuda o facilita al lector, principalmente en la compresión del texto, de esta forma se logra una comunicación científica mucha más profunda entre el autor y el lector.

En este manual le presentamos de manera detallada, la forma correcta de citar y realizar las referencias bibliográficas en un trabajo de investigación de carácter científico. Para su mejor comprensión, este manual está dividido en cuatro capítulos: normas APA, citas bibliográficas, referencias bibliográficas y uso del Word para las citas y referencias bibliográficas.

En el primer capítulo se da a conocer las principales definiciones conceptuales referentes al APA, esto principalmente para que el lector pueda tener los conceptos claros de los términos que se utilizan en las normas APA y en este manual.

En el segundo capítulo, se desarrolla paso a paso y con ejemplos la forma correcta de realizar las citas bibliográficas ya sean textuales o parafraseadas.

En tercer capítulo, se muestra con ejemplos la forma correcta de realizar las referencias bibliográficas, según el material bibliográfico que se utilice en el trabajo.

Finalmente, en el cuarto capítulo se encuentra una guía para utilizar el Word para insertar las citas y las referencias bibliográficas en un trabajo académico.

*"Cada día sabemos más y
entendemos menos".*

Albert Einstein

Capítulo 1

LAS NORMAS APA

1.1. Las Normas APA

Las normas APA en sus siglas en inglés: *American Psychological Association* (Asociación Americana de Psicología) tienen su origen en el año 1929, cuando un grupo de psicólogos, antropólogos y administradores decidieron establecer un conjunto de reglas que coadyuven la escritura científica en las ciencias sociales, con el propósito de facilitar la comprensión de la lectura de los trabajos científicos, además de presentar los trabajos de forma clara, precisa y uniforme (Becerra & Moya, 2015, pág. 2).

Las normas APA, de manera específica se enfoca en definir el uso uniforme de algunos elementos en la escritura de carácter científica como:

- Márgenes y formato del documento.
- Puntuación y abreviación.

- Tamaño de letra.
- Tipografía.
- Uso de mayúsculas.
- Construcción de tablas y figuras.
- Citas bibliográficas.
- Referencias bibliográficas.
- Contenido mínimo de un manuscrito.

Sin embargo, en el ámbito académico existen otras normas que regulan la presentación de los trabajos académicos, pero la más empleada y aceptada a nivel internacional son las Normas APA, por eso la importancia de la misma, además hoy en día su uso se ha extendido a otras disciplinas de la ciencia.

1.2. Uso de normas APA

Al llegar a este punto, una de las preguntas que seguro se hace el lector es: ¿Por qué usar las normas APA?, como respuesta: las normas APA le permite o facilita al investigador la elaboración de los trabajos académicos de carácter científico: monografía, tesina, artículo, tesis, trabajos de grado, etc., con el objetivo de logar la claridad y uniformidad en las citas bibliográficas, referencias bibliográficas, el formato y otros requerimientos específicos para la redacción.

Por otro lado según Becerra & Moya (2015, pág. 3) pueden ser los siguientes casos en que se utiliza las normas APA:

- Para presentar un trabajo académico de manera científica.
- Respetar el derecho de autor.
- No cometer plagio de ideas.
- No asumir la responsabilidad de errores de otros autores.
- Unificar el estilo en documentos académicos.
- Integrar adecuadamente los elementos resaltantes de escritos científicos.

Debemos tomar en cuenta que, al momento de realizar un trabajo académico, se utilizan fuentes de información primaria y secundaria según el tema que se esté abordando, por lo que, en un trabajo académico es importante que se haga notar las fuentes de donde se ha obtenido la información, caso contrario el trabajo podría considerarse como plagio, ahí la importancia de una norma que regule la redacción, por lo que se constituye como obligatorio las citas y las referencias bibliográficas en un trabajo académico.

1.3. Propiedad intelectual y derechos de autor

La propiedad intelectual está asociada con la creación de la mente humana (intelecto). La creación puede ser un conocimiento nuevo u original, además estas pueden ser físicos o intangibles, por ejemplo: invenciones, obras literarias, obras artísticas, símbolos, nombres, imágenes, dibujos, etc.

La Organización Mundial de la Protección Intelectual (OMPI), afirma que cualquier creación de la mente humana es parte de la propiedad intelectual, sin embargo la misma debe estar registrada en las instancias correspondientes, caso contrario no podrá ser considerada propiedad intelectual (Propiedad intelectual, s.f., párr. 2).

El derecho de autor se le concede al creador de una obra, desde el día que se desarrolla la obra y durante el tiempo determinado sobre la explotación de la obra, la cual es libre de disponer, negociar, ceder, renunciar, heredar, etc.

El derecho de autor está asociado con un conjunto de normas jurídicas que afirman los derechos morales y patrimoniales de los autores. En la legislación boliviana existe la Ley de Derechos de Autor, Ley Nro 1322 del 13 de abril de 1992 y su reglamento D.S. 23907 del 7 de diciembre de 1994.

En Bolivia, el Servicio Nacional de Propiedad Intelectual (SENAPI) es la institución encargada de vigilar, dar cumplimiento y de la protección de la propiedad intelectual. El SENAPI es una institución pública desconcentrada que depende del Ministerio de Desarrollo Productivo y Economía Plural, tiene competencia nacional, además tiene autonomía de gestión administrativa, legal y técnica.

1.4. Plagio

El plagio es el acto de utilizar, copiar, imitar o extraer algún texto escrito de forma parcial o totalmente de una obra, texto, idea, etc., de otra persona como si fueran propias, sin dar el debido reconocimiento del autor creador.

Aun cuando se parafrasea (se dice con palabras propias lo que ha dicho un autor) o cuando se hace traducciones de un texto, se debe dar el correspondiente crédito a su autor original. Jurídicamente el plagio es una infracción al derecho de autor.

1.4.1. Auto-plagio

Se considera auto-plagio cuando el autor re-utiliza sus propios trabajos que ya fueron publicados con anterioridad, sin citar o referenciar. Si bien no se considera un delito, esta se considera una falta de ética por parte del autor.

Para no incurrir en el auto-plagio es recomendable que el autor, dé a conocer al lector el uso de esta fuente (otros trabajos propios) a través de la cita y referencia bibliográfica, la idea es no dar a conocer como algo original cuando no lo es.

1.5. Referencia bibliográfica

Las referencias bibliográficas son todas las fuentes que sustentan el trabajo que se ha realizado y que además se han citado para la redacción del trabajo. Las fuentes pueden ser: libros, revistas, artículos de revista, artículos de periódico, monografías, tesis, material cartográfico, videos, fotografías, partituras musicales, actas, etc. cualquier fuente en el que se extrae la información.

Las fuentes que se hayan utilizado como sustento de la investigación, deben estar expresadas al final del documento en una lista, las mismas deben estar en orden alfabético, además deben expresar los datos de las fuentes de la misma forma en la que aparece en la fuente original.

1.6. Diferencia entre Referencia y Bibliografía

En muchos trabajos se puede ver manejar indistintamente bibliografía o referencias, por lo que surge una gran pregunta: ¿será igual o tendrán alguna diferencia entre bibliografía y referencia?, la respuesta es: *no son iguales entre bibliografía y referencias.*

La diferencia de ambos es el siguiente:

- ✓ En la *bibliografía* se incluyen fuentes que han servido para profundizar el tema, sin que necesariamente hayan sido citados en la elaboración del trabajo, es decir, se enlista las fuentes citadas en el trabajo y las que no se han citado pero que ha ayudado a profundizar el trabajo.
- ✓ En la *referencia* se enlista todas aquellas fuentes que hayan servido como base del trabajo y que además se hayan citado en el trabajo.

En el caso de las Normas APA, se requiere o se utiliza Referencias y no bibliografía.

1.7. Cita bibliográfica

Las citas bibliográficas son transcripciones parciales de un texto de referencia o algún otro instrumento bibliográfico. En una cita se precisa el origen de la fuente, por lo tanto, una cita bibliográfica remite al lector a las fuentes para su posterior consulta.

Cuando se realiza una cita existen dos maneras en la que se puede hacer: el primero es resaltando al autor y el segundo resaltando el texto, esto dependerá de lo que se quiere enfatizar en un documento.

Por otro lado, se puede tener una cita textual y/o cita parafraseada. Todos los detalles en los próximos capítulos del presente libro.

1.8. Escritura y lenguaje de la cita

En una cita bibliográfica se debe transcribir en el mismo lenguaje (tal cual) que en la fuente original, no se debe traducir ni hacer modificaciones de cualquier tipo, incluso si tiene errores. En la referencia de la misma manera, se debe copiar todos los datos tal cual de la fuente original, en caso de que faltara alguno de los datos se coloca abreviaciones, se reemplaza con otra información o se omite.

1.9. Los signos de puntuación

En las normas APA se utilizan un conjunto de signos de puntuación, de manera específica se utilizan en las citas y las referencias bibliográficas. Los signos de puntación que se utilizan con mayor frecuencia se muestran en la tabla1.

Tabla 1
Signos de puntuación

Nombre	Signo de puntación
Punto	.
Coma	,
Punto y coma	;
Guion	-
Dos puntos	:
Paréntesis	( )
Corchetes	[ ]
Comillas	" "

Nota: En el la tabla se muestra los signos de puntuación que se utilizan en las norma APA.

1.10. Abreviaturas

Existe abreviaturas que se utiliza en un trabajo académico que adopta el autor según el trabajo que está realizando, sin embargo hay abreviaturas que son aceptados universalmente, y que todos los autores en cualquier parte del mundo lo utilizan. En la tabla 2 se muestra las abreviaturas que se utilizan en las normas APA ya sea para las referencias o para las citas bibliográficas.

Tabla2
Abreviaturas

Palabra	Español	Inglés
Edición	ed.	ed.
Edición revisada	ed. rev.	Rev. ed.
Segunda edición	2a ed.	2nd ed.
Editor / es	ed. / eds.	Ed. / Eds.
Traductor	trad.	Trans.
Sin fecha	s.f.	n.d.
Página/s	p. / pp. / pág.	p. / pp.
Volumen (como en Vol.4)	Vol.	Fig. / Figs.
Volúmenes (vols. 1-4)	vols.	Vols.
Número	núm.	No.
Parte	Pt.	Pt.
Informe técnico	Inf. téc.	Tech. Rep.
Suplemento	Supl.	Suppl.

Nota: En la tabla superior se muestra las abreviaturas que son aceptadas universalmente y que además se utilizan en las normas APA.

"No basta con saber, se debe también aplicar. No es suficiente querer, se debe también hacer".

Goethe

Capítulo 2

CITAS BIBLIOGRÁFICAS

2.1. Las citas bibliográficas

Las citas bibliográficas son transcripciones parciales de un texto de referencia o algún otro instrumento bibliográfico, por lo que es importante referenciar o precisar su origen (Torrez, Gonzáles, & Vavilova, 2015, pág. 6).

Citar es reconocer el trabajo de otro autor, en caso de que no se haga notar la fuente estaríamos cometiendo el plagio. La cita básicamente ofrece información sobre el autor, año y la página de la publicación, esta información conduce al lector a la lista de referencias que se deben consignar al final del documento. Además, todas las fuentes citadas deben estar en una lista de referencia al final del documento.

La diferencia entre la cita y la referencia bibliográfica está en que, en la cita utilizamos ideas de forma textual o parafraseada de alguna fuente, en el caso de referencia esta es la lista de las fuentes utilizadas en la redacción del trabajo. Por lo que se debe diferenciar al utilizar estos dos conceptos.

Existen dos (2) formas de citar en un texto: las citas textuales o directas y las citas parafraseadas o indirectas, a continuación se detalla cada uno de estos.

2.2. Las citas textuales o directas

En la cita textual o directa se utiliza el texto original de la fuente consultada, con las palabras exactas del autor sin cambiar absolutamente nada en el texto (Becerra & Moya, 2015, pág. 8).

Las citas textuales o directas pueden ser de dos formas de acuerdo a su longitud (número de palabras): dentro del párrafo y fuera del párrafo.

2.2.1. Cita dentro del párrafo

La cita dentro de un párrafo solamente se puede realizar hasta 40 palabras como máximo, en caso que fuera más de 40 palabras la cita deberá estar fuera del párrafo.

Al iniciar la cita se abre comillas y al terminar también se cierra las comillas "...", además se debe dar a conocer los datos de la fuente (apellido del autor, el año de publicación y la página en la que se encuentra el texto extraído).

En una cita se puede resaltar el texto o al autor, dependerá mucho del escritor. A continuación se muestran los ejemplos para ambos casos:

✓ Cuando se quiere resaltar al autor, se menciona al iniciar la cita textual resaltando al autor, seguido del año y la página entre paréntesis.

Ejemplo:

> Según Morín (1998, pág. 26) llama "inteligencia ciega a aquello que produce ignorancia del mundo real en el que vivimos". Pues si bien se ha adquirido…

✓ Por otra parte, cuando sólo se quiere rescatar la frase, el papel del autor es secundario, por lo que se hace notar al final de la cita textual y los datos se encuentran entre paréntesis.

Ejemplo:

> Se llama "inteligencia ciega a aquello que produce ignorancia del mundo real en el que vivimos" (Morín, 1998, pág. 26). Pues si bien se ha adquirido conocimientos…

2.2.2. Cita fuera del párrafo

Esta forma de cita se utiliza cuando el texto a citar es mayor a 40 palabras. En citas fuera del párrafo se debe evitar copiar más de quinientas 500 palabras de una determinada fuente, ya que se requiere del consentimiento previo del autor, salvo que se trate de documentos oficiales o cuando el texto citado sea objeto de análisis en el trabajo (Becerra & Moya, 2015, pág. 9).

Para realizar una cita con más de 40 palabras, se escribe el texto en bloque, sin comillas, con sangría de 5 espacios desde el margen izquierdo, en un párrafo aparte (línea aparte), se disminuye el interlineado a sencillo y se debe dar a conocer la fuente (apellido del autor, el año de publicación y la página en la que se encuentra el texto extraído).

✓ Cuando se quiere resaltar al autor.

Ejemplo:

Para Morín (1998, pág. 67):

El conocimiento que se produce actualmente no tiene un control intelectual ni del sentido ni de la naturaleza de ellos, ni de las consecuencias de sus descubrimientos, además, ignoran por completo la ceguera de la población. Esto ha llevado nuevamente a un oscurantismo científico, con consecuencias dramáticas.

El paradigma de la simplicidad básicamente pone orden en el universo y persigue el desorden...

✓ Cuando sólo se quiere rescatar la frase.

Ejemplo:

> ...informacionales y para ser manejados por potencias anónimas, es decir está hecho para las entidades supranacionales.
>
> El conocimiento que se produce actualmente no tiene un control intelectual ni del sentido ni de la naturaleza de ellos, ni de las consecuencias de sus descubrimientos, además, ignoran por completo la ceguera de la población. Esto ha llevado nuevamente a un oscurantismo científico, con consecuencias dramáticas (Morín, 1998, pág. 67).
>
> El paradigma de la simplicidad básicamente pone orden en el universo y persigue el desorden...

2.3. Las citas parafraseadas o indirectas

En las citas parafraseadas se utilizan ideas de un autor, pero se escribe con las palabras propias del quien lo redacta (escritor), es decir tomamos una idea o texto de alguna fuente, expresamos con nuestras propias palabas o resumimos el texto al momento de redactar el trabajo, pero igual se debe dar a conocer la fuente del cual ha sido obtenida.

En las citas parafraseadas se incluye la fuente: apellido del autor, el año de la publicación y el número de página del cual ha sido obtenido la información. En las citas parafraseadas al igual que en las citas textuales, se puede dar importancia al autor o a al texto.

✓ Cuando se quiere resaltar al autor.

Ejemplo:

> Según Hernandes, Fernandez, & Baptista (2010, pág. 35) los investigadores organizan su investigación mediante la formulación y definición de un problema de investigación. Esto los ayuda a enfocarse en el proceso de investigación para que puedan sacar conclusiones que reflejen el mundo real de la mejor manera posible.

✓ Cuando sólo se quiere rescatar la frase.

Ejemplo:

> Los investigadores organizan su investigación mediante la formulación y definición de un problema de investigación. Esto los ayuda a enfocarse en el proceso de investigación para que puedan sacar conclusiones que reflejen el mundo real de la mejor manera posible (Hernandes, Fernandez, & Baptista, 2010, pág. 35).

Para Becerra & Moya (2015, pág. 7) se recomienda utilizar las citas parafraseadas cuando:

- Se quiere recrear contenidos extensos.
- Se argumenta un problema determinado.
- Se desarrolla el marco teórico o el marco referencial.
- Se clarifican conceptos o procedimientos.

2.4. Otras consideraciones en las citas
2.4.1. Si la obra tiene más de dos autores

Si la fuente del cual se obtiene la información tiene más de dos (2) hasta cinco (5) autores, en la primera oportunidad se cita con todos los apellidos, es decir el apellido de todos los autores, en las posteriores citas sólo se escribe el apellido del primer autor seguido de la frase *et al.*

✓ En la 1ra cita se menciona el apellido de todos los autores

Ejemplo:

> "La metodología de la investigación consiste en que el investigador aporte una hipótesis alternativa, una hipótesis de investigación, como una manera alternativa de explicar el fenómeno" (Hernandes, Fernandez, & Baptista, 2010, pág. 25).

✓ En la 2da cita solo se escribe el apellido del primer autor seguido de *et al.*

Ejemplo:

> "Los investigadores organizar su investigación mediante la formulación y definición de un problema de investigación. Esto los ayuda a enfocarse en el proceso de investigación para que puedan sacar conclusiones que reflejen el mundo real de la mejor manera posible" (Hernandes, *et al.* 2010, pág. 75).

En otros estilos se utiliza: op. cit., ibid., ibidem., etc. cuando se citan por segunda vez en el mismo trabajo, en el estilo APA *no se utiliza* dichos recursos.

En las normas APA *no* se utiliza:
op. cit., ibid., ibidem., etc.

2.4.2. Si la obra tiene más de seis autores

Si la fuente del cual se obtiene la información tiene más de seis (6) autores, después de mencionar el apellido del primer autor se utiliza la frase *et al.* desde la primera cita o mención en el trabajo.

Ejemplo:

> "El orden es una ley o un principio, la simplicidad ve lo uno y ve lo múltiple, pero cree que no puede ser múltiple al mismo tiempo" (Rocabado, *et al.* 1998, pág. 67).

2.4.3. Cita de fuentes secundarias

La cita de fuente secundaria hace referencia a que, cuando se quiere citar un texto el autor original a su vez se basa en otra cita (de otro autor), en ese caso esta no se debe omitir ni asignar el crédito al autor de la fuente consultada.

Cuando se tiene este caso, se debe mencionar la fuente citada por el otro autor, además se hace la cita del documento que se está consultando.

✓ En el 1er caso cuando se quiere resaltar al autor.

Ejemplo:

> Mario Bunge (citado en Fernández, *ct al. 2016, pág. 52*) afirma que "en cualquier caso, resulta indispensable la referencia completa de donde se extrajo la información" (1998, pág. 56).

✓ En el 2do caso cuando se quiere resaltar sólo el texto.

Ejemplo:

> "En cualquier caso, resulta indispensable la referencia completa de donde se extrajo la información" (Bunge M. 1998, pág. 56 citado en Fernández, *et al. 2016, pág. 52*).

Los trabajos de fuentes secundarias solo se mencionan en la cita, no se incluyen en la lista de referencia bibliográfica al final del trabajo, tomando en cuenta que no se está consultando el texto sino la cita en el texto consultado.

2.4.4. Fuente sin el nombre el autor

Cuando se quiere citar un texto, pero el mismo no tiene el nombre del autor se puede manejar de dos (2) formas:

- ✓ En el primer caso: a falta del nombre del autor se registra el título del texto de referencia.

Ejemplo:

> El pensamiento complejo reconoce el vínculo de diferentes elementos, distingue pero no aísla, pero esto lleva a creer que el conocimiento es incompleto, pues la realidad es muy amplia y casi imposible de abarcar todo (Introducción al pensamiento complejo, 1998, pág. 45).

✓ En el segundo caso: cuando la obra esta registra como anónimo, en la cita se registra el espacio del autor como anónimo.

Ejemplo:

> La simplicidad separa lo que está ligado o unifica lo que está disperso, el paradigma de la simplicidad busca elementos simples detrás de un conjunto complejo de fenómenos (Anónimo, 1998, pág. 67).

2.4.5. Textos sin fecha

Cuando se quiere citar un texto pero este no cuenta con la fecha de publicación, se debe registrar los datos de la fuente: el apellido del autor seguido de las siglas *s.f.* la misma indica sin fecha.

Ejemplo:

> Morín (s.f., pág. 28) considera que "el mundo es un todo que no se puede disolver, que necesariamente necesitan acciones que los pueda retroalimentar, por lo que el abordaje debe ser de manera multidisciplinaria".

2.4.6. Cita de autores con el mismo apellido

Hace referencia a que en las fuentes consultadas, se puede tener dos obras distintas pero que el apellido de ambos autores puede ser igual. Ante esta situación se recomienda usar la inicial del nombre de los autores, aun así la fecha sea diferente, esto permitirá identificar la fuente consultada en la lista de referencias de manera más fácil.

Ejemplo:

> Pues si bien se ha adquirido conocimientos de diferentes aspectos con las herramientas de investigación existente, estas no están hechas necesariamente para el ser humano, están hechas para ser procesados por las memorias informacionales y para ser manejados por potencias anónimas (M. Bunge, 1998, pág. 26).

2.4.7. Cita de páginas web

Cuando se utiliza una página web para una cita (no documento dentro de ella) y la misma no cuenta con un autor, se debe escribir la URL de la página web al final de la cita.

Ejemplo:

> La investigación pura es el tipo de investigación orientada hacia el entendimiento de los principios básicos detrás de la operación del mundo. Su propósito principal es satisfacer la curiosidad o proveer respuestas a una curiosidad científica (https://www.lifeder.com/investigacion-pura/).

Cuando se utiliza una página web para una cita pero la misma cuenta con autor, se debe escribir los datos del autor (autor, año y número de párrafo).

Ejemplo:

> La investigación pura es el tipo de investigación orientada hacia el entendimiento de los principios básicos detrás de la operación del mundo. Su propósito principal es satisfacer la curiosidad o proveer respuestas a una curiosidad científica (Paredes, D. 1987, párr. 1).

2.4.8. Cita de documentos en línea

Cuando se cita un documento en línea se debe incluir los siguientes datos: apellido del autor, año de la publicación y el número de página. En el caso de que no tuviera número de página se debe colocar el número de párrafo con la abreviación *párr.*

Ejemplo:

> "El problema de investigación yace en la discrepancia existente entre un modelo ideal y un modelo real, por ejemplo: modelo ideal: los niños no deben trabajar, modelo real: los niños trabajan" (Morone, s.f. párr. 1).

2.4.9. Cita de un video / película

Al citar una película o video se debe mencionar los siguientes datos de la fuente: apellido del director de la película y el año en el cual se ha difundido. El resto de los datos se especifican en las referencias.

Ejemplo:

> Coco es una película animada estadounidense de 2017, inspirada en la festividad mexicana del Día de Muertos, producida por Pixar y es distribuida por Walt Disney Pictures (Unkrich, 2017).

2.4.10. Cita de pistas de audio

Una pista de audio se puede citar de forma textual o de forma parafraseada. Cuando se cita se debe indicar los siguientes datos de la fuente: el título del audio (canción), el nombre del intérprete, año y el número de la canción en el disco.

Ejemplo:

> Quedó en el olvido, hasta el año 1963, cuando la Selección boliviana de fútbol, se corona Campeó Sudamericano de fútbol, y es entonces que el pueblo le cambia de nombre por "Viva mi Patria Bolivia" (Viva mi Patria Bolivia, Camacho, 1939, pista 1).

2.4.11. Cita de fuentes sin número de página

Cuando se quiera citar una fuente digital (en algunos casos también se pueden dar en fuentes físicos), pero la misma no cuenta con número de página, se toma en cuenta el número del párrafo con la abreviación *párr.*

Ejemplo:

> "El problema de investigación yace en la discrepancia existente entre un modelo ideal y un modelo real, por ejemplo: modelo ideal: los niños no deben trabajar, modelo real: los niños trabajan" (Morone, s.f. párr. 1).

2.4.12. Cita de comunicaciones personales

Las comunicaciones personales son: las cartas privadas, memorandos, correos electrónicos, mensajes electrónicos (diferentes medios), conversaciones telefónicas, etc. Todos estos medios se pueden citar dentro de un trabajo, sin embargo no se incluyen en la lista de las referencias bibliográficas, debido a que no se puede remitir al lector a la consulta de estas fuentes.

La cita de una comunicación personal se debe mencionar de la siguiente manera: inicial del nombre, apellido, indicar *comunicación personal* y la fecha.

Ejemplo:

> Edgar Morín, nació en Paris en el año 1921, es Sociólogo y Antropólogo de profesión, es considerado uno de los grandes pensadores franceses, escribió más de treinta libros (R. Pairumani, Comunicación personal, 18 de febrero de 2017).

2.4.13. Cita de obras clásicas

En caso de que se quiera citar obras clásicas como: obras antiguas griegas, romanas, la Biblia y el Corán, se hace la cita correspondiente en el texto, pero no es necesario incluir en la lista de referencias bibliográficas.

Ejemplo:

> "Aunque pase yo por grandes angustias, tú me darás vida; contra el furor de mis enemigos extenderás la mano y tu mano derecha me pondrá a salvo" (Salmo 138:7).

2.4.14. Omisión en las citas textuales

En las citas textuales, en el caso de que se omitiera alguna palabra o frase del texto extraído (fuente donde se obtiene la información), estas se deben reemplazar con los puntos suspensivos (…) lo que indica que se ha omitido.

Ejemplo:

> Morín (s.f., pág. 28) considera que "el mundo es un todo que no se puede disolver, (…) que necesariamente necesitan acciones que los pueda retroalimentar, por lo que el abordaje debe ser de manera multidisciplinaria".

2.4.15. Argumentación en las citas textuales

Si en una cita textual el escritor quiera argumentar algún texto, la misma se debe diferenciar del resto, por lo que se debe escribir entre corchetes [ ], esto con el fin de que el texto aumentado se diferencie de la fuente original.

Ejemplo:

> Como seres humanos somos producto de un proceso de reproducción, [una vez que somos producidos] nos convertimos en productores, la sociedad es producto de la interacción de los individuos (Morín, 1998, pág. 42).

1.1.1. Error ortográfico en el texto a citar

Como ya indicamos, en una cita textual se transcribe tal y como está en la fuente original sin cambiar nada. En el caso de que hubiera algún error ortográfico en el texto a citar se debe copiar tal y como está, pero haciendo notar el error. Al momento de transcribir o citar, al lado de la palabra con error ortográfico se debe escribir la palabra *sic* entre corchetes: *[sic]*, esto indica que el error es de la fuente original y no del escritor en el momento de copiar o transcribir.

Ejemplo:

> "El pensamiento complejo reconoce el vínculo de diferentes elementos, distingue pero no aísla, pero esto lleva a creer que el conocimiento es incompleto, pues la realidad es muy amplia y casi imposible de avarcar [sic] todo" (Morín, 1998, pág. 45).

1.2. Tablas y Figuras

1.2.1. Tablas

Una tabla debe estar o debe incluirse después de un párrafo donde se describe dicha tabla, deben estar enumeradas y llevan un formato definido.

La tabla se debe presentar con la siguiente información:

- ✓ Enumeración
  Debe iniciar con la palabra *Tabla,* seguido del número en *arábico* y secuencial en caso de que hubiera varias tablas en el documento.
- ✓ Titulo
  Debe ir debajo de la numeración. El título debe ser breve y escrito en cursiva.
- ✓ Nota
  La nota va debajo de la tabla (después de la línea inferior). Incluye las definiciones de las palabras abreviadas en la tabla, para que se pueda comprender. El tamaño de la letra debe ser en 2 puntos inferior a la utilizada en el documento.

Ejemplo:

En las normas APA se utilizan un conjunto de signos de puntuación, de manera específica se utilizan en las citas y las referencias bibliográficas. Los signos de puntación que se utilizan con mayor frecuencia se muestran en la tabla1.

Tabla 1
Signos de puntuación

Nombre	Signo de puntación
Punto	.
Coma	,
Punto y coma	;
Guion	-
Dos puntos	:
Paréntesis	( )
Corchetes	[ ]
Comillas	" "

Nota: En el la tabla se muestra los signos de puntuación que se utilizan en las norma APA.

Como se observa en el ejemplo anterior, en normas APA la tabla tiene un formato en el que no tiene los márgenes verticales ni horizontales, solamente lleva líneas horizontales que separan los títulos y la línea inferior (Becerra & Moya, 2015, pág. 14).

En el caso de que, la tabla fuera obtenida de otra fuente, en la *nota* se debe dar a conocer los datos de la fuente. Si bien se hace notar la fuente de donde se obtuvo la información, no se debe colocar o enlistar en las referencias al final del trabajo.

1.2.2. Figuras

Se consideran Figuras a: cuadros, gráficos, fotografías, dibujos, mapas, diagramas, organigramas, esquemas, diagramas de flujo y otras formas de representación que no sean tablas, las mismas deben ser realizadas de forma sencilla, en lo posible sin colores. (Torrez, Gonzáles, & Vavilova, 2015, pág. 10).

Al igual que en las tablas, toda la información referente a la figura, se debe realizar en el párrafo anterior o en el párrafo siguiente. En caso de presentar una figura no se debe presentar una tabla o viceversa, la idea es no replicar información.

La forma de cómo se debe presentar es la siguiente: primero se debe presentar la figura, debajo de la misma se debe incluir el título y la definición de las palabras abreviadas para su compresión. El tamaño de la letra deber ser 2 puntos inferior a la utilizada en el documento.

Ejemplo:

Para un proyecto de investigación, las ideas se pueden originar de diferentes fuentes tal como se muestra en la Figura 1.

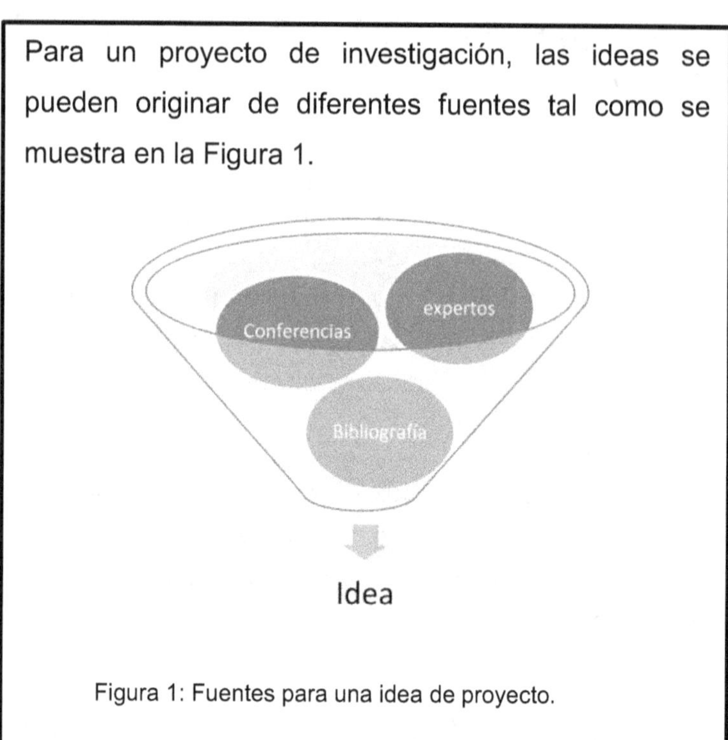

Figura 1: Fuentes para una idea de proyecto.

En el caso de que la figura fuera obtenida de otra fuente, debe dar a conocer la fuente, al igual que en la tabla no se debe incluir en las lista de referencias.

> *Los libros no están hechos para pensar, sino para ser sometido a investigación"*
>
> Umberto Eco

Capítulo 3

REFERENCIAS BIBLIOGRÁFICAS

3.1. Referencias bibliográficas

Las referencias bibliográficas son el enlistado de todas las fuentes que se han citados en el trabajo, es decir solo se incluye aquellas fuentes que se han citado (textual o parafraseo) en la elaboración del trabajo, no se debe omitir ningún fuente consultado, salvo los mencionados con anterioridad.

Las referencias generalmente se encuentran en la parte final del trabajo, están en una lista y en orden alfabético en función al apellido de los autores, en caso que fueran autores corporativos se enlista en función a la letra inicial.

Ejemplo:

Arias, D. (2001). *Teoría del Turismo: Análisis Comparativo*. La Paz, Bolivia: Viceministerio de Turismo.

Banco Mundial. (1992). *Estrategia Ambiental para la Región de America Latina y el Caribe*. Waschintong, DC.

Bolivian Association for Conservation - TROPICO. (2000). *Travel and archeological guide of de trail of El Choro*. La Paz - Bolivia: SAGITARIO S.R.L.

Carretero, A. (2007). *Aspectos ambientales, Identificación y evaluación*. España: Dayton, S.A.

CODESPA. (2010). *Manual de Buenas Practicas en la Actividad Turística: Municipio de Copacabana*. La Paz - Bolivia: HOROSS.

Tarin, E. (2003). *Aspectos Medio Ambientales Identificación y Evaluación*. Valencia - España: IMPIVA.

Vargas, E. (s.a.). *Impactos ambientales de los*

Las referencias tienen el formato de párrafo francés, como se muestra en el ejemplo anterior.

Una referencia bibliográfica debe contener los siguientes datos como mínimo:

a) Apellido(s) y nombre del autor(es)
b) Fecha de publicación de la fuente
c) El título de la fuente
d) Ciudad
e) Editorial

Las fuentes que no aplican según el formato anterior son los siguientes: leyes, reglamentos, decretos, resoluciones, normas y similares. La estructura de las mismas debe contener la siguiente información:

a) El titulo
b) Fecha de publicación
c) Los datos de la publicación

Más adelante se desglosan con ejemplos.

3.1.1. Referencia de libros

En las páginas preliminares de un libro se encuentra toda la información necesaria para la referencia bibliográfica, dicha información debe ser copiada tal cual, sin aumentar ni cambiar nada.

✓ **Libro físico con un solo autor**

Un libro físico y con un solo autor se debe enlistar de la siguiente manera:

- Apellido del autor
- Inicial del nombre
- El año de publicación (se debe escribir entre paréntesis)
- El título del libro (debe estar escrito en cursiva)
- Ciudad (se refiere al lugar donde se ha publicado el libro)
- Editorial

Ejemplo:

> Morín, E. (1998). *Introducción al pensamiento complejo*. Barcelona, España: Gedisa Editorial.

✓ **Libro con subtítulo**

Cuando el libro tiene subtitulo, la misma se incluye después del título principal, y debe estar separada por dos puntos.

Ejemplo:

> Moreno, F. (2017). *Estilo APA en acción: cómo citar y elaborar referencias*. Bogotá, Colombia: Universidad del Norte.

✓ **Libro con varias ediciones**

Cuando se trata de libros de varias ediciones (1ra edición, 2da edición, etc.), las mismas se deben hacer notar después del título separando con la coma. El número de edición debe estar en abreviación y encerrado entre paréntesis ( ). Cuando se trata de libros de 1ra edición no es necesario hacer notar la misma.

Ejemplo:

> Moreno, F. (2017). *Estilo APA en acción, (4a ed.).* Bogotá, Colombía: Universidad del Norte.

✓ **Libro sin datos**

En el caso de que faltara alguna de los datos se debe reemplazar de la siguiente manera:

o Si el libro no tiene los datos del autor, se reemplaza por el título del libro, pero si está registrado como anónimo, también en referencias se debe registrar como anónimo.

Ejemplo:

> *Introducción al pensamiento complejo* (1998). Barcelona, España: Gedisa Editorial.

o Si el libro no tiene fecha de publicación, se debe colocar la abreviatura (s.f.), que significa sin fecha.

Ejemplo:

> Morín, E. (s.f.). *Introducción al pensamiento complejo.* Barcelona, España: Gedisa Editorial.

o Si el libro no cuenta lugar de publicación, se debe colocar la abreviación: s.l. que significa sin lugar.

Ejemplo:

> Morín, E. (1998). *Introducción al pensamiento complejo.* s.l. Gedisa Editorial.

o Si el libro no cuenta con editorial, se debe colocar la abreviación: s.n. que significa sin nombre.

Ejemplo:

> Morín, E. (1998). *Introducción al pensamiento complejo.* Barcelona, España: s.n.

✓ **Libro físico con dos o más autores**

Cuando el libro tiene dos o más autores, en el espacio del autor se deben registrar todos los nombres separados por *punto y como* (;) en el mismo formato que el anterior. El dato del ultimo autor debe estar separado con **y** o **&**.

Ejemplo:

> Hernandes, R., Fernandez, C., & Baptista, P. (2010). *Metodología de la Investigación - Quinta Edición.* México: McGraw-Hill Interoamericana.

✓ **Varios libros del mismo autor**

Cuando se tiene varias obras del mismo autor, estos se deben enlistar de manera cronológica, siendo las obras recientes del autor al principio de las referencias.

Ejemplo:

> Gonzáles M., R. (1999). *Nueva Geografía Económica de Bolivia.* Sucre - Bolivia: Tupac Katari.
>
> Gonzáles M., R. (1996). *Geografía Económica de Bolivia.* Sucre - Bolivia: Tupac Katari.

✓ **Varios libros del mismo autor del mismo año**

Cuando se tiene varias obras del mismo autor y del mismo año estas se deben diferenciar con letras (a, b, c, etc.) de forma cronológica. Las letras deben ir después del año de publicación del libro.

Ejemplo:

> Moreno, F. (2017a). *Estilo APA en acción.* Bogotá, Colombía: Universidad del Norte.
>
> Moreno, F. (2017b). *Investigación científica.* Bogotá, Colombía: Universidad del Norte.

✓ **Libro con autor corporativo**

Cuando el autor del libro no es una persona natural, sino una institución se debe mencionar la misma, en el lugar del autor del libro.

Ejemplo:

> Organización Mundial del Turismo. (2009). *Agenda para planificadores: Turismo Sostenible y Gestión Municipal, Edición para América Latina y El Caribe.* Madrid - España: Organización Mundial del Turismo.

✓ **Libro con Editor**

Se considera libro con editor, cuando los capítulos del libro son escritos por diferentes autores. En ese caso se registra el nombre del editor seguido de la abreviación Ed. como sigue en el ejemplo.

Ejemplo:

> Mora, D. (Ed.) (2013). *El Estado del Arte Teoría y Metodolgía.* La Paz, Bolivia: Instituto Interancional de Integración.

✓ Parte o Capítulo de un libro

Cuando se quiere referenciar a un capítulo de un libro, se debe mencionar el autor del capítulo (apellido y la inicial del nombre), el año de publicación, el título del capítulo, datos del editor con la abreviación (Ed.), el título del libro, las páginas en las que se encuentra el capítulo entre paréntesis, lugar de publicación y la editorial.

Ejemplo:

> Sarzuri, M. (2013). ¿Qué es el estado de arte?.En Mora, D. (Ed.) (2013). *El Estado del Arte Teoría y Metodolgía (17-37).* La Paz, Bolivia: Instituto Interancional de Integración.

✓ Libro electrónico en línea

Cuando se utiliza como fuente un libro en línea, se puede dar dos casos para su referencia: con DOI[1] y sin DOI

---

[1] DOI: es la serie alfanumérica asignada a documentos en formato electrónico. Sirve para identificar y localizar el contenido con mucha

- **Con DOI**

Cuando el libro en línea cuenta con el DOI, se debe colocar: el apellido del autor, inicial del nombre, año de publicación, el título del libro y el número del DOI.

Ejemplo:

> Cascardo, E., & Veiga, M. C. (2018). Tecnoadictos: Los peligros de la vida online. Doi: B07D4RX646

- **Sin DOI**

Cuando el libro en línea no tiene asignada el número del DOI, se registra el apellido del autor, inicial del nombre, año de publicación, el título del libro y el sitio donde se ha recuperado.

Ejemplo:

---

facilidad en el internet. No todos los documentos en línea tienen el DOI, los que tienen hay que incluir en las referencias bibliográficas.

> Cebrián, F. (2008). *Turismo y Desarrollo Rural.* Recuperado de https://play.google.com/books/reader?id=_NjE Mwc1i_AC&hl=es&printsec=frontcover&pg=GB S.PP7

3.1.2. Referencias de enciclopedias y/o diccionarios

Cuando se referencia una enciclopedia o diccionario, se debe mencionar los siguientes datos de la fuente: el título, año de publicación, el volumen, lugar de publicación y finalmente la editorial.

Ejemplo:

> Atlas y Geografía del Mundo. (1999). (Vol. 1). España: Lexus.

3.1.3. Referencias obras inéditas

Algunas veces al investigar nos encontramos con trabajos inéditos[2], muchas veces al no saber referenciar no lo utilizamos. Por lo que a continuación mostramos la forma correcta de referenciar.

---

[2] Inédito: Se considera inédito un trabajo escrito pero no publicado.

Para referenciar una obra inédita se debe detallar los siguientes datos: apellido del autor, inicial del nombre, año, título del trabajo y finalmente se debe mencionar: Manuscrito en preparación.

Ejemplo:

Pairumani, R. (2012). *Ayllu Sullkatiti Titiri: Historia, Cultura y Desarrollo*. Manuscrito en preparación.

3.1.4. Referencias de tesis

Los centros de educación superior (universidades, institutos, etc.) generan cada año una gran cantidad de investigaciones en diferentes ramas de la ciencia. Muchas de estos trabajos se quedan en las bibliotecas sin ser publicadas, por lo que no se conoce o no se consulta estas fuentes.

Sin embargo, los trabajos académicos al ser un trabajo en base información primaria y secundaria se constituyen en fuentes realmente importantes por lo que se debería utilizar como fuente de consulta.

Por lo que, a continuación mostramos como referenciar un tesis. Ahora bien, las tesis pueden estar en formato digital o también se puede tener en línea.

✓ **Tesis Físico o Impreso**

Cuando se quiere citar una tesis física, se debe dar a conocer los siguientes datos y en el siguiente orden: Apellido del autor, inicial del nombre, año de publicación, el título de la tesis, mencionar el grado académico de la tesis (tesis de licenciatura, maestría, doctorado), la institución y finalmente el lugar.

Ejemplo:

Pairumani, R. (2016). IImpactos ambientales generados por la actividad turística en el camino precolombino del Choro (Tesis de Grado). Universidad Mayor de San Andrés, La Paz, Bolivia.

✓ **Tesis Digital o Electrónico**

Cuando se consulta una tesis en línea como referencia, se puede tener tesis con DOI y sin DOI.

-   **Con DOI**

Cuando se consulta una tesis en línea y con DOI, en vez del lugar se debe reemplazar con el número del DOI.

Ejemplo:

> Pairumani, R. (2016). IImpactos ambientales generados por la actividad turística en el camino precolombino del Choro (Tesis de Grado). Universidad Mayor de San Andrés. Doi: 123456789 / 8083

- **Sin DOI**

Cuando se consulta una tesis en línea y la misma no cuenta con el DOI, en vez de registrar el lugar se debe mencionar el sitio donde se ha recuperado la tesis.

Ejemplo:

> Pairumani, R. (2016). IImpactos ambientales generados por la actividad turística en el camino precolombino del Choro (Tesis de Grado). Universidad Mayor de San Andrés. Recuperado de http://repositorio.umsa.bo/xmlui/handle/123456 789/8083

3.1.5. Referencias de artículos de revista

Una de las fuentes que con mayor frecuencia se utilizan son las revistas ya sean en forma física o digital, por lo que amerita un especial atención para su correcto referencia en la investigación.

Al referenciar una revista se debe detallar los siguientes datos: autor del artículo (apellido e inicial del nombre), fecha de publicación (año, mes y día), título del artículo, nombre de la revista (mencionar el número y todos los datos necesario) y finalmente las páginas en las cuales se encuentra el artículo.

Ahora, igual tenemos revistas físicas y digitales, a continuación el ejemplo de cada uno de ellos.

✓ **Artículos de revista físico o impreso**

Cuando se quiere referenciar un artículo de una revista física:

Ejemplo:

> Fernandez, M. (2016, 21 de agosto). *Ajayus Alteños.* Escape: Revista Dominical de la Razon, 797, 14-18.

✓ **Artículos de revista digital o electrónico**

Cuando se quiere referenciar un artículo de una revista digital o electrónica:

Ejemplo:

> Laytón, D. (2018, junio). *Turismo Biocultural, una alternativa para el desarrollo y Conservación.* La Región: Revista Digital, 41, 6-10. Recuperado de http://www.periodicolaregion.com/revista-la-region-edicion-41/

3.1.6. Referencias de artículos de periódicos

Cuando se quiere referenciar un artículo de un periódico físico se debe detallar los siguientes datos: apellido, inicial del nombre, fecha de publicación (año, día y mes), título del artículo, nombre del periódico y finalmente el número de página en la que se encuentra el artículo.

Ejemplo:

> Padilla, M. (2018, 19 de agosto). *La Mujer se abre paso en el 'hub' de la tecnología.* La Razón, b6.

✓ **Artículos de periódico digital o electrónico**

Hoy en día es muy común los periódicos digitales, por lo que es importante el saber referenciar de manera adecuada. Se debe detallar los siguientes datos para la referencia: apellido e inicial del nombre del autor, fecha de publicación (día, mes y año), título del artículo, nombre del periódico y finalmente la fuente de donde se ha recuperado.

Ejemplo:

> Carballo, M. (13 de agosto de 2018). Evo: "Silvia y Leonilda me dijeron 'borrachito eres más cariñosito'". *Página Siete*. Recuperado de https://www.paginasiete.bo/nacional/2018/8/13/evo-silvia-leonilda-me-dijeron-borrachito-eres-mas-carinosito-190403.html

3.1.7. Referencias de ponencias o conferencias

Generalmente cuando se realizan congresos, simposios, conferencias, etc. al concluir dicha actividad se genera documentos que se constituyen en las conclusiones del evento. Dicha información muchas veces se publica de manera física y también de manera digital.

Cuando se consulta estas fuentes, se debe detallar la siguiente información en referencias: el apellido y la inicial del disertante, mes y año, título de la intervención, título del evento antecedido de *En*, páginas en las cuales se encuentra y finalmente el lugar.

✓ **Ponencias o conferencias publicadas en físico**

Cuando se consulta un documento publicado de una ponencia.

Ejemplo:

> Copa, A. (Octubre, 2016). Derechos y *Deberes de las Autoridades Indígenas.* En 2do Congreso Orgánico del Ayllu Sullkatiti Titiri (21-29). La Paz, Bolivia: ACOSTI.

✓ **Ponencias o conferencias en línea**

Cuando se consulta un documento publicado de una ponencia en línea.

Ejemplo:

> Evanjuanoy, M. (Febrero, 2018). *¡Las comunidades indígenas del continente seguimos siendo la dignidad rebelde, el corazón olvidado del planeta!.* En Congreso de Plantas Sagradas de las Américas, Ajijic, Jalisco, México. Recuperado de https://www.google.com/url?sa=t&rct=j&q=&esrc=s&source=web&cd=12&ved=2ahUKEwj16N

3.1.8. Referencias de medios audiovisuales

Cuando nos referimos a medios audiovisuales nos referimos a los siguiente materiales: videos (películas), audios (música o grabaciones), mapas, material gráfico y/o fotografías.

✓ **Video (película)**

Cuando se referencia una película, se debe incluir los siguientes datos: apellido e inicial del nombre del productor, seguido de la palabra productor entre paréntesis, apellido e inicial del director seguido de la palabra director entre paréntesis, año, el título de la película seguido de la palabra película entre corchetes, país y finalmente la productora o distribuidora.

Ejemplo:

> Anderson, D. K. (Productor), & Unkrich, L. (Dirección). (2017). Coco [Película]. Estados Unidos: Walt Disney Studios Motion Pictures.

✓ **Serie de televisión**

Cuando se referencia una serie de televisión, se debe detallar los siguientes datos: apellido e inicial del nombre del productor seguido de la palabra producto entre paréntesis, año, nombre de la serie seguido entre corchetes serie de televisión, lugar y finalmente la productora.

Ejemplo:

> Kirkman, R. & Darabont, F. (Productores). (2010). The Walking Dead [Serie de televisión]. Estados Unidos: AMC Networks.

✓ **Video de YouTube u otro medio**

Cuando se quiere referenciar un video y la misma es del youtube o de algún otro medio se debe incluir los siguientes datos: apellido e inicial del nombre de la persona que subió el video, la fecha de posteo (día, mes, año), título del video seguido de las palabras y en corchetes [Archivo de video], finalmente el link del video.

Ejemplo:

> Zilva, E. (15 de marzo de 2017). Walt El Soñador [Archivo de video]. Recuperado de https://www.youtube.com/watch?v=U_TEauz9h XE&t=1s

✓ **Música**

También se puede referenciar pistas de música y audio, para el cual se debe detallar los siguientes datos: apellido e inicial del nombre del escritor, año de copyright, título de la canción, en caso de que fuera otro el intérprete se debe hacer notar la misma (apellido e inicial del nombre), título del álbum, medio de grabación el mismo debe estar en corchetes, lugar y el sello discográfico.

Ejemplo:

Chambers, Guy & Williams R. (2002). *Feel.* [Williams R.] En Escapology [CD - DVD] Reino Unido: Chrysalis.

✓ **Fotografía**

Una foto se debe referenciar detallando los siguientes datos: nombre y apellido del fotógrafo antecedido de la palabra fotografía de…, lugar y año de la fotografía, nombre de la colección y finalmente la ubicación.

Ejemplo:

[Fotografía de Román Pairumani]. (Sullcatiti Titiri, 2012). Mi pueblo. Museo Nacional de Etnografia y Folclore.

✓ **Mapa**

Para referenciar un mapa, se debe detallar los siguientes datos: autor, año, título del mapa mencionando entre corchetes [mapa], lugar y editorial.

Ejemplo:

> Instituto Nacional de Estadística. (s.f.) Municipio de Jesús de Machaca [Mapa]. Recuperado de https://es.slideshare.net/FAYSYSTEM/diagnsti co-socio-educativo-institucional

3.1.9. Referencias de recursos del internet

En nuestro medio existen diferentes recursos en el internet del cual podemos obtener mucha información, a continuación desarrollamos algunas fuentes frecuentes:

✓ **Páginas web**

Una de fuentes que se utiliza con mayor frecuencia son las páginas web, las mismas pueden contar con todos los datos o solamente lo básico, por ejemplo en Wikipedia no se cuenta con el autor incluso la fecha del posteo. En otros casos si se puede tener autores de personas naturales o instituciones (corporativos). Cuando se referencia Wikipedia se debe dar a conocer: título de artículo, fecha, poner "En Wikipedia" y finalmente el link antecedido de la palabra "Recuperado de..."; cuando se referencia una página web pero la misma cuenta con autor se debe dar a conocer la misma al principio, luego el año, título del artículo y finalmente la fuente.

Ejemplo: Wikipedia

> Turismo Rural. (s.f.). En wikipedia. Recuperado de
> https://es.wikipedia.org/wiki/Turismo_rural

Ejemplo: Fuente con autor

> Entorno Turístico. (s.f.). ¿Qués es el Turismo Rural y
> sus actividades? Recuperado de
> https://www.entornoturistico.com/que-es-el-
> turismo-rural-y-actividades-que-se-practican/

✓ **Blogs**

Hoy en día el uso de estos medios es muy importante, por lo que mucha información se puede encontrar en estos medios. La forma correcta de referenciar es la siguiente: Apellido y nombre del autor (puede que no cuente con ese dato, en ese caso se registra el nickname), fecha de publicación (día, mes y año; en caso de no contar con esta información s.f.), título del blog, entre corchetes [Mensaje de blog] y finalmente la dirección de donde se ha recuperado

Ejemplo: cuando se cuenta con los datos del autor

> Pairumani, R. (2 de febrero de 2016). *¿Dónde está la huella del Inca?* [Mensaje de blog] Recuperado de https://romanpairu.blogspot.com/2016/02/v-behaviorurldefaultvmlo.html

Ejemplo: cuando no se cuenta con los datos del autor

> Angeles. (28 de febrero de 2018). Preparativos para ir a esquiar en España [Mensaje de blog] Recuperado de http://blogturistico.com/preparativos-para-ir-a-esquiar-en-espana/

✓ **Comentario de Foros en línea**

Para referenciar un comentario de foro en línea se debe detallar los siguientes datos: apellido y nombre, fecha de publicación (día, mes y año), título del foro antecedido de Re:, especificar que es un mensaje en foro en corchetes y finalmente la dirección donde se ha obtenido.

Ejemplo:

Annakin. (28 de agosto de 2016). Re: Donde me recomendais viajar [Comentario en un foro en linea] Recuperado de https://www.losviajeros.com/foros/f45-Foro-Viajes-General/t16867-Sugerencias-destinos-DONDE-PUEDO.html

✓ **Facebook**

Para referenciar el Facebook, se debe incluir los siguientes datos: apellido e inicial del nombre, nickname entre corchetes, fecha de publicación, especificar el lugar-Biografía, indicar que es página entre corchetes y finalmente la dirección URL. En caso de que fuera un artículo se debe hacer notar el título antes de la dirección URL.

Ejemplo: sin título

Portugal, P. [Pedro]. (25 de agosto de 2018). Biografía [Página de Facebook] Recuperado de https://www.facebook.com/pedro.portugal

Ejemplo: con título

> Centro de Apoyo en Investigación y Educación Multidisciplinaria [CAIEM]. (14 de agosto de 2018). Saludos en Aymara [Página de Facebook] Recuperado de https://www.facebook.com/cursodeaymara/

✓ **Twiter**

Para referenciar tuits se debe incluir los siguientes datos: apellido e inicial del nombre, nickname entre corchetes, fecha de publicación (día, mes y año), mensaje (en caso de que contenga algún link de sebe incluir), indicar que es tuit entre corchetes y finalmente la dirección URL.

Ejemplo: de autor personal

> Klaric, J. [JurgenKlaric]. (22 de agosto de 2018) ¿Cómo descifrar el código simbólico?. Video: http://youtu.be/oryOMd_3JZQ?a [Tuit]. Recuperado de https://twitter.com/JurgenKlaric/status/1032186 960595509249

Ejemplo: de una entidad

> La Razón Digital [LaRazon_Bolivia]. (21 de agosto de 2018) #LaPaz Un grupo de personas que reivindican el No del #21F realizan un mitin frente a la #Vicepresidencia [Tuit]. Recuperado de https://twitter.com/LaRazon_Bolivia/status/10319288834386481152

Referencias de informe técnico

Es muy frecuente utilizar informes técnicos en un trabajo de investigación, la misma debe referenciarse de la siguiente manera: apellido e inicial del nombre del autor, año de publicación, título del trabajo, el número del informe la misma debe estar entre paréntesis, lugar y editorial.

Ejemplo:

> Gálvez, C. & Quintanilla, J. (2008). Estudio de mecánica de suelos (Informe No. 08008-02-ITE-001). Santiago, Chile: JQ Ingeniería LTDA.

✓ **Informe técnico digital**

En el caso de que el informe fuera obtenido en línea, en lugar de lugar y editorial se debe incluir la dirección de la web.

Ejemplo:

Gerencia Nacional de Fiscalización - YPFB (2012). Informe de actividades Enero – Junio 2012 (Publicación Semestral de la Vicepresidencia de Administración de Contratos y Fiscalización). Recuperado de file:///C:/Users/Titulacion/Downloads/informede actividadesvpacfenero-junio%202012.pdf

3.1.10. Referencias de leyes (normativas)

En nuestro medio es muy frecuente la utilización de las normativas (leyes) para el sustento de un trabajo, por lo que los mismos deben estar citas de forma correcta. Se entiende por normativa todos los documentos legales, como: leyes, reglamentos, decretos, ordenanzas, estatutos y otros.

✓ **Normativas en físico**

Las normativas en físico se debe referenciar de la siguiente manera: título de la normativa, año de publicación, lugar y editorial.

Ejemplo:

> Ley General de Turismo 292 "Bolivia te espera".
> (2012). La Paz, Bolivia: UPS SRL.

✓ Normativas en línea

También existen normativas que se pueden acceder en línea, en ese caso se en vez de lugar y editorial se debe reemplazar por la sitio donde se ha obtenido.

Ejemplo:

> Ley General de Turismo 292 "Bolivia te espera".
> (2012).   Recuperado   de
> www.boliviarural.org/component/documentos/d
> ocumento/33-ley-292

3.1.11. Referencias de documentos legales

Se entiende por documento legal, todo documento que da fe a una circunstancia, hecho, acto o actividad. En tema legal tiene una implicación de obligación para el individuo, por ello todos los documentos de orden civil son considerados documentos legales.

Estos documentos también pueden ser utilizados como fuentes de referencia para un trabajo, para referenciar se debe incluir los siguientes datos: órgano que emite y país, número, hora y fecha (día, mes y año).

Ejemplo:

> Sala Tercera, Tribunal Constitucional Plurinacional, Sentencia Constitucional Plurinacional 1191/2015-S3 del 26 de junio de 1998.

✓ **Documentos legales en línea**

También se puede obtener los documentos legales en línea, en ese caso, al final de la referencia se debe añadir el sitio donde se ha obtenido dicho documento.

Ejemplo:

> Sala Tercera, Tribunal Constitucional Plurinacional, Sentencia Constitucional Plurinacional 1191/2015-S3 del 2 de diciembre de 2015. Recuperado de https://drive.google.com/file/d/0B8wM0Z-tyL4POG1jemh3aHJKODA/view

> *"Poco conocimiento hace que las personas se sientan orgullosas. Mucho conocimiento, que se sientan humildes"*
>
> Leonardo da Vinci

Capítulo 4

USO DEL WORD

4.1. El desarrollo tecnológico y la web

La sociedad está en constante cambio debido al gran avance tecnológico que se ha dado en el mundo, la clave del éxito es estar a la vanguardia o seguir las tendencias tecnológicas actuales del mundo.

Debido a los cambios constantes, la vida del ser humano ha tomado una nueva dimensión, principalmente gracias al internet y todas las nuevas formas de tecnologías de información y comunicación (TIC's).

Antes se tenía que estudiar de los libros o ir a las bibliotecas para obtener alguna información, hoy en día todo eso quedó atrás, la web se ha convertido en la fuente invaluable para obtener toda la información que uno requiere.

Así como la web ha transformado la manera en la que estudiamos o investigamos, el desarrollo de los paquetes informáticos también han desarrollado enormemente, facilitando al ser humano principalmente en su uso. Por lo que, a continuación mostraremos ejemplos de cómo podemos usar el Word para las citas y las referencias bibliográficas.

4.2. Uso del WORD para las citas

Como ya mencionamos, el uso de los paquetes informáticos facilita el trabajo del ser humano para cualquier actividad. En el caso de la elaboración de los trabajos académicos mucho más.

Las herramientas que tiene cada paquete informático es de gran utilidad a la hora de realizar un trabajo, pero no conocemos todas sus funciones y el uso de los mismos a la hora de elaborar un trabajo.

La herramienta que se utiliza en el Word para las citas y referencias bibliográficas, es la herramienta: REFERENCIAS, la misma se encuentra en la parte superior de la venta.

Ejemplo:

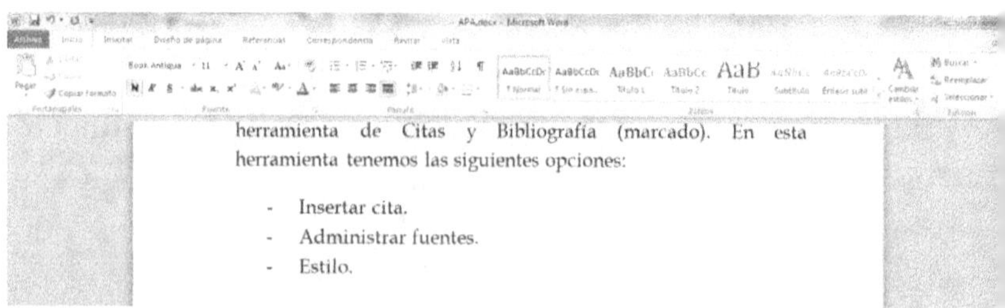

Una vez haciendo clic en referencias nos abre las siguiente ventana de herramientas, de los cuales el que se utiliza es la herramienta de CITAS Y BIBLIOGRAFÍA. En esta herramienta tenemos las siguientes opciones:

- Insertar cita.
- Administrar fuentes.
- Estilo.
- Bibliografía.

Ejemplo:

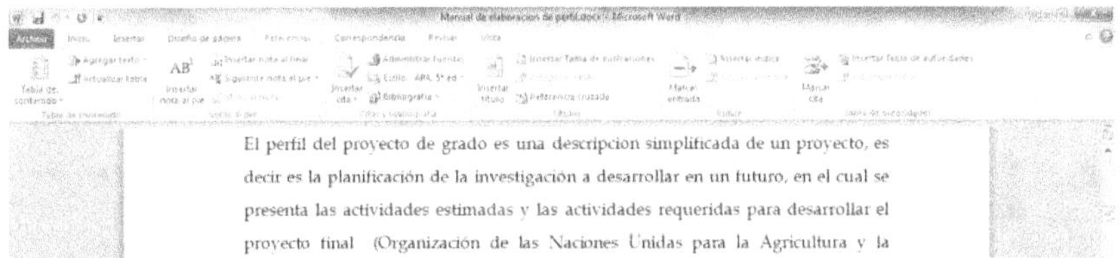

Cada uno de estas herramientas vamos a manejar para las citas y las referencias.

4.2.1.Pasos para utilizar el Word para la cita

Paso 1:

Para iniciar el trabajo de investigación, tenemos que contar con las fuentes que se va utilizar en la redacción del trabajo como: libros, revistas, etc.

Primero debemos configurar o seleccionar el ESTILO haciendo clic en la flechita que se señala en la imagen, de hecho por defecto sale APA, 5ª ed. [3] Sin embargo puede que no siempre salga de esa manera, por eso se debe configura primero el estilo colocando el APA, 5ª ed.

Ejemplo:

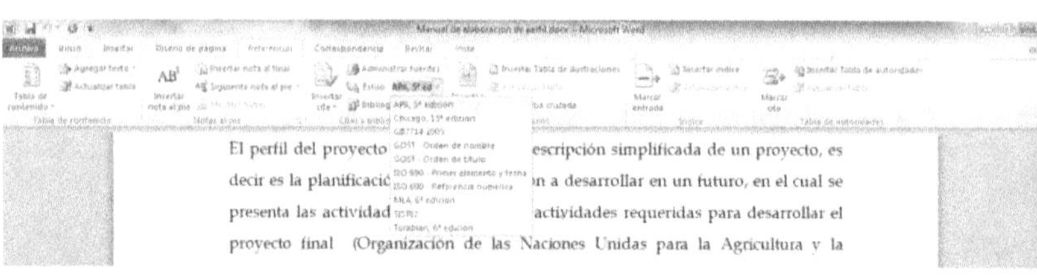

Paso 2:

Hacemos clic en la opción: ADMINISTRAR FUENTES, y esta nos abre una nueva ventana, como se muestra en la imagen:

Ejemplo:

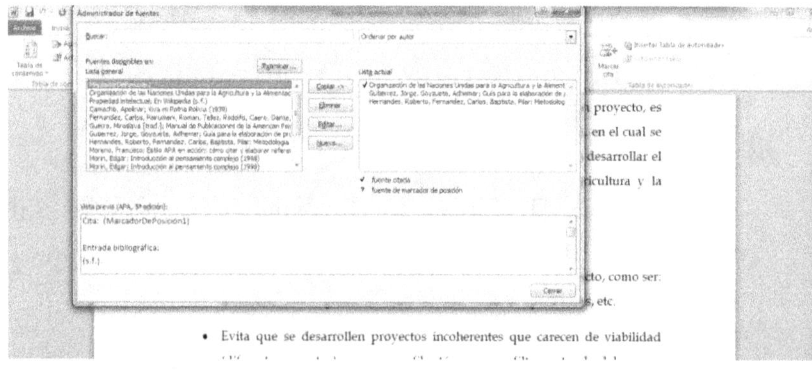

---

[3] En la mayoría de los equipos están trabajando con el APA, 5ª ed, esto depende de la versión del office que tiene instalado en su equipo. Las normas APA está en su 6ª ed.

Esta herramienta vamos a utilizar para insertar las fuentes bibliográficas. Para eso hacemos clic en: NUEVO y a la vez al hacer clic nos abre otra ventana, la estructura de la misma dependerá de la fuente que utilicemos.

Una vez abierto esta ventana lo que se debe hacer es seleccionar el tipo de fuente bibliográfico que vamos a insertar, como opciones tenemos:

- Libro
- Sección de libro
- Artículo de revista
- Artículo de periódico
- Actas de conferencia
- Informe
- Sitio web
- Documento de sitio web
- Medios electrónicos
- Arte
- Grabación de sonido
- Representación
- Película
- Entrevista
- Patente
- Caso judicial
- Varios

Ejemplo:

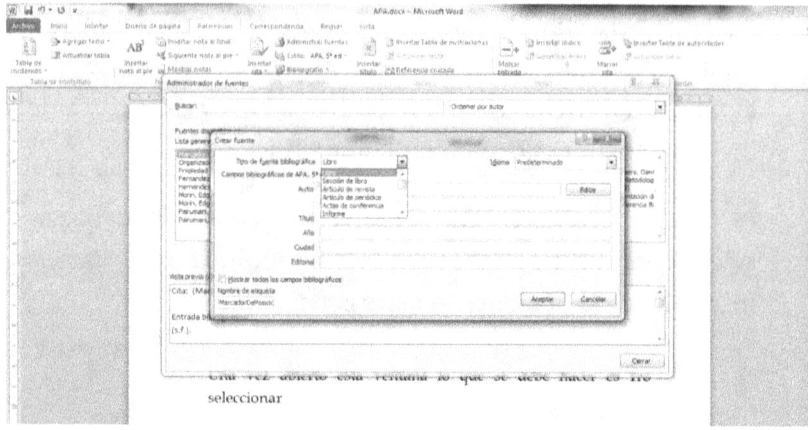

Una vez abierto esta ventana lo que se debe hacer es no seleccionar

Dependiendo del tipo de fuente bibliográfica que se seleccione, los espacios para insertar los datos de las fuentes van a cambiar.

Ejemplo: Se ha seleccionado la opción libro:

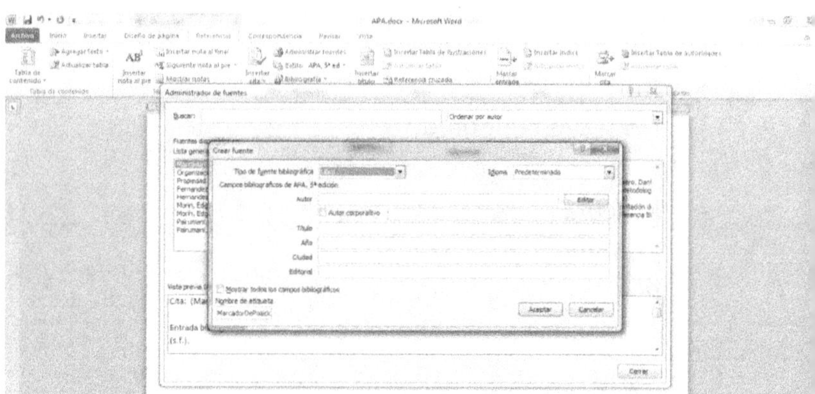

En esta opción me pide los siguientes datos:

-   Autor: Se refiere a la persona natural (uno o varios), también se puede registrar el autor corporativo.

- Título: Se inserta el título del libro tal cual. En caso de que fuera por tomos o ediciones se le agrega después del punto esos datos.
- Año: Es el año de edición, en el caso que contada con este dato se coloca s.f.
- Ciudad:
  Se debe registrar la ciudad donde ha sido editado el libro o la fuente, en algunas fuentes solamente está el país. Se debe registrar tal cual la fuente original no podemos colocar nada que no esté en la fuente.
- Editorial:
  Se debe registrar el editorial del libro.

En caso de no tener algunos de los datos, por favor revisar el apartado de las citas y las referencias.

Una vez llenada la información de cualquiera de las fuentes utilizadas, clic en ACEPTAR en el caso de la primera venta, en la segunda ventana la opción CERRAR.

Hasta aquí se ha introducido la información bibliográfica en el documento que se está trabajando.

Para insertar las diferentes fuentes que se utilicen para la redacción del trabajo se debe repetir exactamente todo el procedimiento.

4.2.2. Insertar citas

Una vez registrado las fuentes en el documento que se está trabajando, se pasa a utilizar las citas de forma automática en la redacción de los trabajos.

Para referenciar una cita textual o parafraseada, nuevamente utilizamos la herramienta REFERENCIAS y la sub-herramienta INSERTAR CITA.

Primero: para insertar la cita debemos ubicar el curso en el lugar que se va insertar la cita.

Segundo: hacemos clic en la herramienta REFERENCIAS y posteriormente en INSERTAR CITA, al hacer clic, inmediatamente nos aparece el listado de todas las fuentes que se ha insertado anteriormente, lo único que hago es seleccionar la fuente que quiero citar.

Ejemplo:

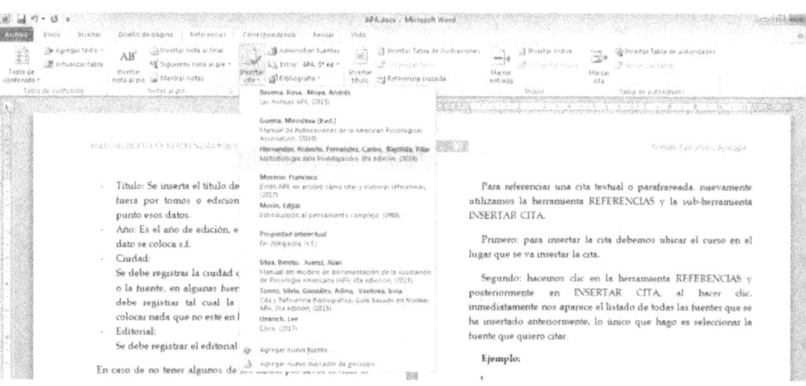

Una vez seleccionado la fuente a citar, de manera inmediata se generará la cita.

Ejemplo:

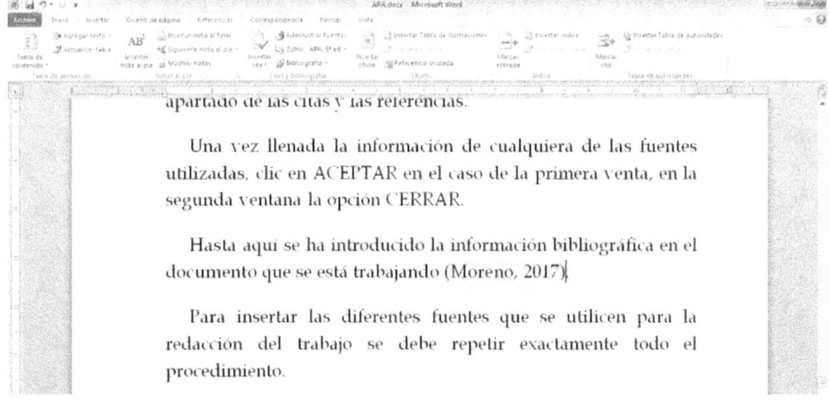

Como se puede observar en el ejemplo, en la cita aparece el dato del autor y el año de la publicación. Ahora lo único que falta es insertar el número de página.

Tercero: para insertar el número de página lo que debe hacer es clic en la cita ya generada, y de inmediato en la parte derecha de la cita se genera una flecha, finalmente hago clic en la flecha.

Ejemplo:

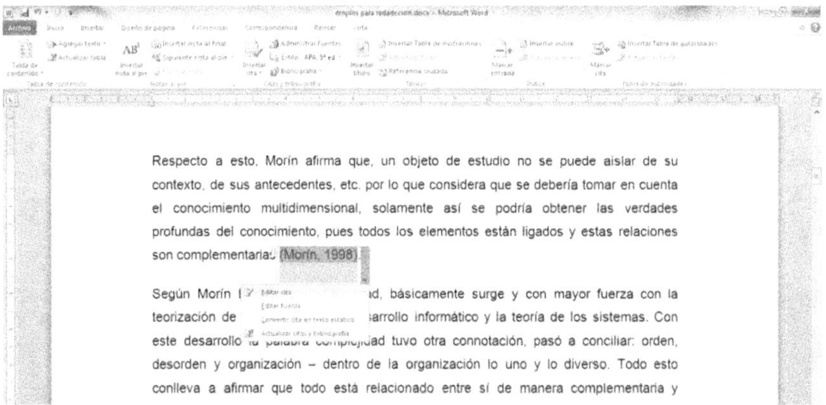

Como se ve en el gráfico, al hacer clic en la flecha me abre 4 opciones, para insertar el número de página selecciono la opción EDITAR CITA, y de inmediato me abre otra ventana.

Ejemplo:

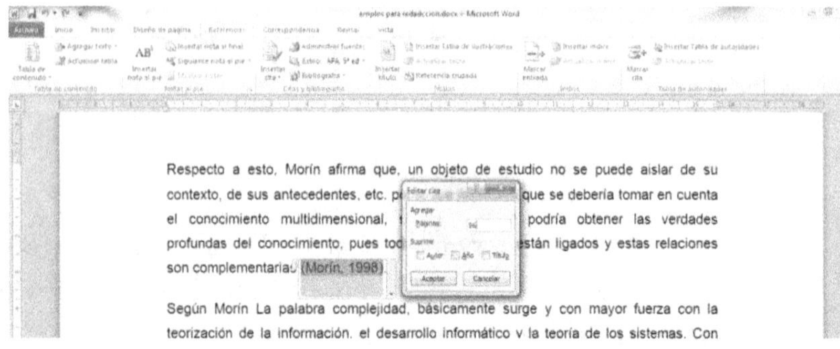

Ahora, lo único que hago es insertar el número de página de la fuente consultada, finalmente clic en la opción ACEPTAR. De manera inmediata se genera la cita con todos los datos.

Ejemplo:

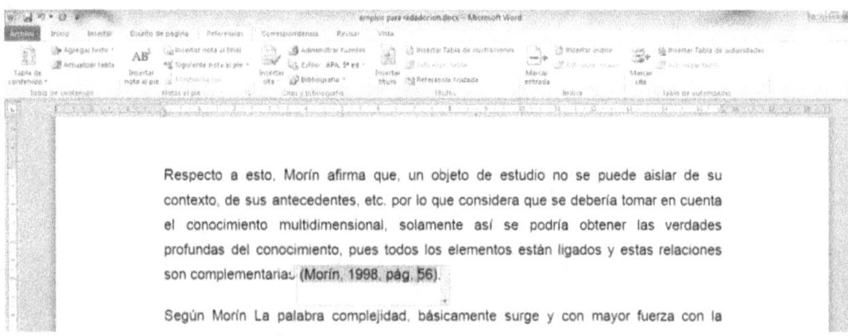

Así obtenemos la cita bibliográfica de manera automática. Ahora, en el caso de las citas que se resaltan al autor el procedimiento es lo mismo, la única diferencia está en el último paso.

Cuándo se resalta al autor, los datos del autor estar fuera del paréntesis, por lo que a la hora de editar el número de página en la cita, además de insertar el número de página, debemos seleccionar SUPRIMIR AUTOR y TÍTULO, finalmente la opción ACEPTAR.

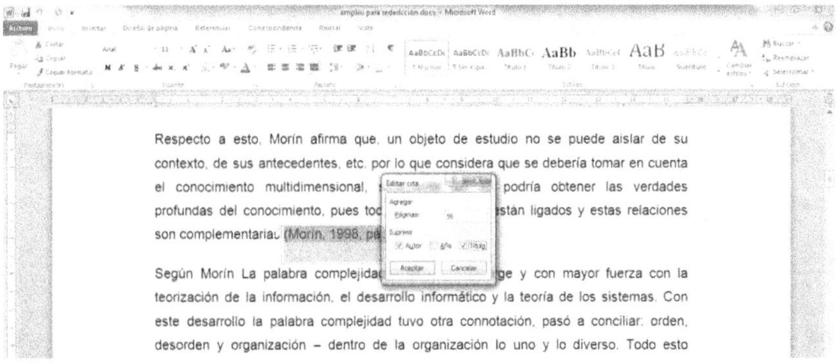

Finalmente obtenemos entre paréntesis el año y el número de página de donde se ha extraído la información.

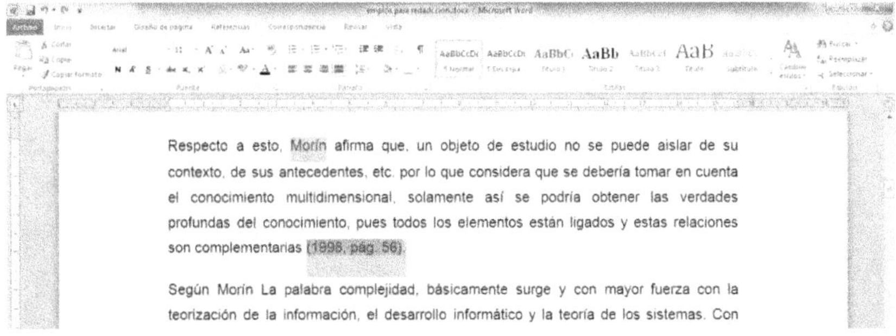

4.3. Uso del WORD para las referencias

Como ya se tiene todas las fuentes insertada en el documento que se está trabajando, por ultimo queda generar las referencias bibliográficas.

Para generar las referencias bibliográficas, se utiliza la herramienta REFERENCIAS, una vez seleccionada hacemos clic en la opción BIBLIOGRAFÍA, al seleccionar nos muestra 2 opciones, seleccionamos uno de ellos[4].

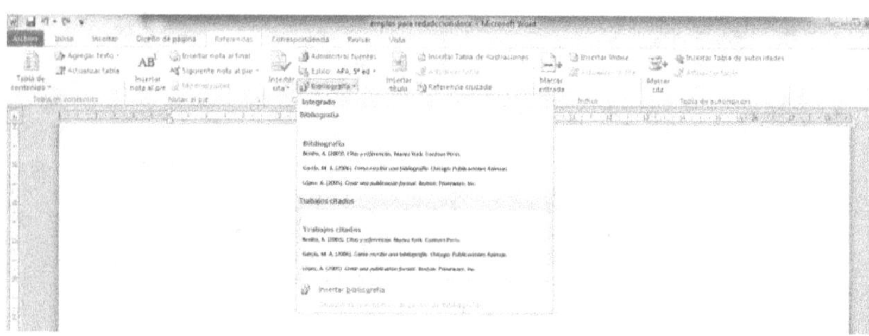

Una vez seleccionado obtenemos las referencias de manera automática.

---

[4] Para las referencias del estilo APA se utiliza la opción 2, tomando en cuenta que en el APA solamente se incluye las fuentes o trabajos citados.

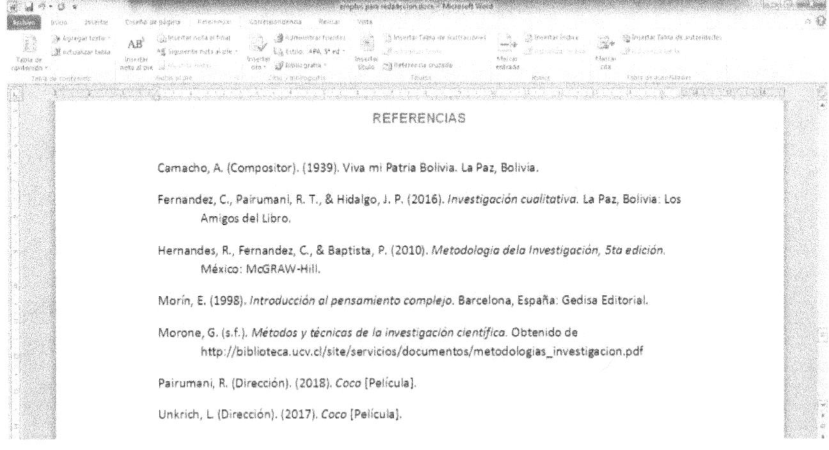

Una vez generado las referencias, podemos cambiar algunos formatos como: el tipo de letra, etc. el color de la letra, el interlineado, etc. lo único que se debe mantener es el estilo de párrafo francés.

REFERENCIAS

Becerra, R., & Moya, A. (2015). Las normas APA. La Paz, Bolivia: Instituto Internacional de Integración Concenio Andrés Bello III-CAB.

Guerra, M. [. (2010). *Manual de Publicaciones de la American Psicological Association.* México, D.F.: El Manual Moderno, S.A. de C.V.

Hernandes, R., Fernandez, C., & Baptista, P. (2010). *Metodologia dela Investigación, 5ta edición.* México: McGRAW-Hill.

Moreno, F. (2017). *Estilo APA en acción: cómo citar y elaborar referencias.* Bogotá, Colombía : Universidad del Norte.

Propiedad intelectual. (s.f.). *En Wikipedia.* Recuperado el 2 de abril de 2018, de https://es.wikipedia.org/wiki/Propiedad_intelectual

Silva, B., & Juarez, J. (2013). *Manual del modelo de documentación de la Asociación de Psicología Americana (APA) 6ta edicción.* Puebla, México: Centro de Lengua y Pensamiento Crítico UPAEP.

Torrez, S., Gonzáles, A., & Vavilova, I. (2015). *Cita y Referencia Bibliográfica: Guía Basado en Normas APA, 3ra edición.* Buenos Aires, Argentina: Biblioteca Central UCES.

www.ingramcontent.com/pod-product-compliance
Lightning Source LLC
Chambersburg PA
CBHW050044260726

48658CB00005B/1764